AF316281

LA CHARTE D'ALAON

ET

SES NEUF CONFIRMATIONS

La charte dite d'Alaon (Catalogne), et les neuf confirmations qui l'assortissent, ont été imprimées d'abord, et en toute bonne foi, par le cardinal de Aguirre[1]. Jamais on n'a montré ces textes en originaux, ni même en copies antérieures à 1694, qui est la date de leur première publication. Le manuscrit utilisé par le cardinal lui fut fourni par Dormer, archiviste et annaliste du royaume d'Aragon, qui l'a garanti sincère dans une note additionnelle.

Dormer y affirme, en effet, que les dix pièces ont été copiées aux archives de la cathédrale de La Seö de Urgel (Catalogne). Mais il ne dit pas expressément avoir fait de sa main la transcription, ni même avoir vu les titres anciens. En revanche, il déclare qu'un chroniqueur Roussillonnais, Francisco Comple, avait déjà pris ce soin, et que deux érudits espagnols, Yepes et Sandoval, possédaient aussi des copies de la charte. Il ajoute que ce document fut d'abord utilisé par Hctriballo *(sic)*, évêque d'Urgel, dans une protestation par lui faite, en 1010, devant Ramiro Ier, roi d'Aragon, contre la création des nouveaux diocèses de Gistao et de Ribagorza. A raison d'une autre difficulté, la charte aurait été aussi produite à Rome, en 1094, devant le pape Pascal II.

Voilà toutes les garanties que fournit Dormer, et dont le cardinal de Aguirre s'est contenté.

---

[1] DE AGUIRRE, *Collectio maxima conciliorum Hispaniæ* III, 131 et s. Rome, 1694.

La charte principale, datée de 832, contient le récit d'un grand nombre de faits, dont plusieurs se trouvent racontés déjà dans diverses chroniques ou légendes. Quant au surplus de la narration, nous n'avons d'autre garantie que la charte même.

De l'ensemble de ces informations, complétées par certains passages des légendes de sainte Ode et de saint Hubert, il résulterait que Caribert, qui fut incontestablement roi de Toulouse (628-630), et frère consanguin de Dagobert Ier, aurait épousé Gisèle, fille d'Amandus, duc des Vascons. De cette union seraient nés trois fils, Hildéric, Boggis, et Bertrand. Boggis aurait épousé sainte Ode, et serait le père de deux enfants, Imitarius et Eudes. Ce dernier serait devenu duc de toute l'Aquitaine et de la Gascogne, tant comme héritier de son père que comme cessionnaire des droits de son cousin saint Hubert, fils de Bertrand. Eudes aurait épousé Valtrude, fille du duc Valachise, qui était de race carlovingienne, et il serait le père de Hunald et de Hatton. Chacun de ces deux derniers, est présenté comme le chef d'une lignée distincte. — Hunald engendra Vaïfre, duc d'Aquitaine, qui succéda à Lupus Ier, son grand-père maternel. Lupus II engendra Adalaric, qui eut deux fils : 1° Seiminus, père de Garsimir, dont les fils devinrent princes en Espagne; 2° Centulle, tige des vicomtes de Béarn. — Le second fils d'Eudes, Hatton, donna naissance à trois fils : 1° Lupus Ier, dont la fille épousa Vaïfre, duc d'Aquitaine; 2° Ieterius; 3° Artalgarius, père de Vandrégisile bienfaiteur du monastère d'Alaon.

Voilà ce qu'il suffit ici d'emprunter à la charte principale. Quant aux faits vraiment significatifs racontés dans les neuf confirmations, nous n'en sommes informés que par ces textes. De l'une à l'autre, ces neuf pièces se raccordent, par de nombreux et indissolubles liens de généalogie, pour aboutir à la charte. Aussi les partisans, comme les adversaires de l'authenticité des dix textes, s'accordent-ils à reconnaître qu'il faut les accepter ou les repousser en bloc. Ceux qui ont confiance, se flattent donc rattacher logiquement à Caribert, roi de Toulouse, et à ses ascendants, la lignée des rois de Navarre, les titulaires du premier duché d'Aquitaine, les suzerains des comtés de Fezensac, d'Armagnac, d'Astarac, de Pardiac, de Bigorre, d'Aure, des Quatre-Vallées, de Comminges, de Carcassonne, de Foix, de Razès, de Ribagorza (Catalogne), de Palhàs (Catalogne), ceux des vicomtés de Lomagne et Auvillars, de Béarn, de Bruilhois, de Gabardan, de Fezensaguet, de Labarthe, de Soule, de Louvigny, de Marsan, de Thouars (Poitou), et les sires d'Albret (??) N'oublions pas les familles seigneuriales de Lomagne-Fimarcon, de Durfort, de Galard, de Batz, de Révignan, de Beauville, de Montesquiou-Fezensac (???) de Preissac et Maravat, d'Esclignac, de Fontrailles, de Mauléon-Barousse, de Grammont, de Savaillan, de Luppé, de Tena (Aragon), etc., etc.

Les dix textes publiés par le cardinal de Aguirre ont donc, s'ils sont authentiques, une importance sans rivale pour l'histoire du midi de la France et du nord de l'Espagne. Ainsi le crûrent, au siècle passé, les illustres auteurs de l'*Histoire générale de Languedoc*, comme il appert de maints passages de cette œuvre monumentale. Après eux, se sont bien longtemps traînés les annalistes subalternes, incapables de juger, et même de comprendre, la doctrine historique que les maîtres ont tirée de la charte d'Alaon et de ses neuf compléments.

La première critique imprimée contre le texte principal, remonte à 1836. Elle émane d'un très honnête et très robuste érudit, Benjamin Guérard. Chose curieuse, mais nullement édifiante, certains auteurs, encore vivants, ont parlé de cette attaque comme si elle était consignée dans une publication spéciale et distincte, par eux maniée et consultée tout à loisir. Or, Natalis de Wailly a soigneusement et pieusement dressé la liste des travaux de son maître Guérard [1]. On n'y trouve aucune indication de ce genre. Un savant et prudentissime diplomatiste, M. Giry, professeur à l'École des Chartes, m'a dit que, selon toute apparence, Guérard, qui enseigna aussi dans cette docte maison, avait dû y critiquer, devant ses élèves, la charte d'Alaon antérieurement à 1836, époque où Fauriel publia son *Histoire de la Gaule méridionale sous la domination des conquérants Germains*. Fauriel fut informé de la discussion de Guérard. Avec le concours du paléographe Lacabane, il s'efforça d'y répondre, dans l'*Appendice II* du tome III de son livre.

Ainsi, nous ne connaissons cette partie de la doctrine de Guérard que par l'exposé qu'en fait son adversaire. La discussion de l'agresseur se limite à la charte principale, exclusivement étudiée au point de vue de la diplomatique. Tous les coups portent. En moins de deux pages, le caractère apocryphe de la pièce est clairement établi. Sans doute, Fauriel essaie de

---

[1] N. de WAILLY, *Notice sur M. Daunou... suivie d'une notice sur M. Guérard.* Paris, 1865. La liste chronologique des travaux de Guérard va de la p. 361 à la p. 365.

riposter. Aucun de ses arguments n'est sérieux, et certains n'ont même pas le simple mérite de la bonne foi. Mais l'auteur de l'*Histoire de la Gaule méridionale* était encore, en 1836, l'idole du gros public doctrinaire ou libéral. On lui donna donc pleinement raison. Guérard ne s'en inquiéta pas autrement. Pour ruiner plus tard, dans la science officielle, l'autorité de la charte d'Alaon, il fallait un homme non pas nul, mais un peu plus que médiocre, capable d'illusionner les gens insuffisamment renseignés, et surtout appuyé par une ardente coterie de prôneurs. Tel fut Rabanis, dont les premières critiques parûrent en 1841, dans les *Actes de l'Académie de Bordeaux*. Il les donna, sous leur forme définitive, en 1856. Son mémoire est intitulé : *Les Mérovingiens d'Aquitaine. Essai historique et critique sur la charte d'Alaon*.

Il y a là de bonnes choses, et je serais injuste en ne les signalant pas. Tout d'abord, je noterai la distinction, presque toujours fondée, des personnages historiques et fabuleux mentionnés dans la pièce principale. C'est pour rendre ce texte plus aisément acceptable que le faussaire les a mêlés; mais son artifice ne tient pas devant un examen sérieux. Rabanis prouve aussi, contrairement aux assertions contenues dans la note de Dormer, que ni Heribailo, ni Othon, évêques d'Urgel, n'avaient besoin de la charte pour appuyer, le premier en 1040, et le second en 1091, leurs réclamations devant Ramiro Ier, roi d'Aragon, et devant le pape Pascal II. De même il établit, à l'encontre de Fauriel, qu'un autre évêque du même diocèse, Mechior de Palau, n'a pas vu, vers 1665, la charte d'Alaon aux archives de sa cathédrale, et qu'il n'en a jamais garanti l'existence à deux érudits français, les frères de Sainte-Marthe, en leur envoyant le catalogue de ses prédécesseurs à l'évêché d'Urgel. Enfin, l'auteur des *Mérovingiens d'Aquitaine* signale l'intérêt du faux, et met la main sur le faussaire, qui fit tenir les dix pièces au cardinal de Aguirre, par l'intermédiaire de Dormer. L'intérêt gît dans les habitudes bien connues des écrivains aux gages de la Maison souveraine d'Autriche-Espagne, qui ont si longtemps torturé l'histoire, pour présenter leurs maîtres comme les véritables et légitimes héritiers de la couronne de France, au temps des derniers Valois et des premiers Bourbons. Le faussaire, c'est le fameux Tamayo de Salazar, un publiciste espagnol du xviie siècle, dont le nom était déjà, de son temps, synonyme d'imposteur.

Tels sont les mérites du mémoire de Rabanis. Je ne prétends pas relever ici ses nombreuses erreurs, déjà réfutées en partie par mon grand ami Léonce Couture [1], et par Dom Chamard [2].

Il est clair, quand on y regarde assez, qu'après la critique aussi brève que décisive de Guérard, le besoin d'une démonstration nouvelle de la fausseté de la charte d'Alaon ne se faisait sentir aucunement. L'évidente vanité de Rabanis lui a suggéré l'opinion contraire. Son travail est défrayé presque tout entier par des considérations historiques. La triste vérité est que, sur bien des problèmes qu'il soulève, l'auteur manque de préparation lointaine, et même prochaine. En somme, son mémoire est comme le jugement d'un tribunal, dont le « dispositif » serait juste, mais dont les « motifs » ne résisteraient certes pas tous au contrôle vigilant d'une Cour d'Appel.

Le succès officiel de Rabanis devant le gros du public, a eu pour effet d'imposer toutes ses opinions, bonnes et mauvaises, à quantité d'annalistes de troisième et quatrième main, qui les ont répétées et vulgarisées en véritables perroquets. Notez qu'en proclamant à tout propos, et même hors de propos, la fausseté de la charte d'Alaon et de ses neuf compléments, ces piètres écrivains se comportent pratiquement comme si les pièces étaient authentiques. *Les Mérovingiens d'Aquitaine* sont donc venus ajouter de nouvelles erreurs aux anciennes. Ce n'est pas tout. Les légitimes censures déjà formulées contre le mémoire de Rabanis, et principalement celles de Dom Chamard, ont eu pour effet de susciter, parmi les généalogistes de profession, les velléités d'un retour offensif en faveur des textes irrémédiablement décrédités par Guérard. Exemple, la première partie du travail publié par feu M. Jules de Bourrousse de Laffore, dans le *Recueil des travaux de la Société d'Agriculture, Sciences et Arts d'Agen,* deuxième série, première partie, pages 5-157. Ce mémoire, dont je ne crois pas que la suite soit publiée, a pour titre : *La Charte d'Alaon est-elle un document faux ou digne de foi?* M. de Laffore n'y procède d'ailleurs que par voie d'affirmations gratuites, ou tirées uniquement des textes mêmes qu'il défend.

Il faut donc couper court à ces espérances de résurrection

---

[1] Léonce COUTURE, *Revue d'Aquitaine*, I, 305-307.

[2] Dom CHAMARD, *L'Aquitaine sous les derniers Mérovingiens*, dans la *Revue des questions historiques*, XXXV, 551.

des vieilles doctrines, indirectement issues des erreurs consignées dans *Les Mérovingiens d'Aquitaine*. Il faut prouver historiquement, et à nouveau, la fausseté des dix textes qu'on prétend réhabiliter. Par bonheur, la chose peut être faite vite, et sans grand appareil de preuves.

Et d'abord, il est certain que la charte d'Alaon et ses compléments n'ont jamais existé, soit en originaux, soit en copies, aux archives épiscopales d'Urgel. Si Rabanis avait pris la peine de s'en assurer, en visitant ce dépôt, une page suffisait à constater la vérité. Or, voilà précisément ce que j'ai fait, et par deux fois. On me permettra d'ajouter que j'étais passablement préparé à cette besogne, par mes longues recherches sur la Vallée d'Andorre, dont j'ai déjà donné la géographie [1], et dont il me reste encore à publier l'histoire [2]. Sous la rigide discipline de feu M. de Bonnefoy, un véritable érudit, qui dédaigna la renommée, j'avais étudié l'histoire de l'Aragon et de la Catalogne dans les livres de Lucius Marineus Siculus, de Curita, de Blanca, de Briz Martinez, de Monfar y Sors, de Marca,

---

[1] Jean-François BLADÉ, *Études géographiques sur la Vallée d'Andorre*. In-8°. Paris, 1875. À ce mémoire se trouve annexée une *Carte de la Vallée d'Andorre*, dressée dans les mêmes proportions que celle de l'État-Major français, et formant le complément de la feuille n° 150 (L'Hospitalet). Dans l'*Avertissement* placé en tête de ma brochure, j'ai fourni la liste des cartes dont j'ai tiré parti en dressant la mienne. On m'en signale à l'instant une autre, intitulée : ANDORRA. *Constructed by F. H. DEVERELL*. London, Weller, 1890. Celle-ci, établie dans les mêmes proportions que la mienne, se recommande par des indications nouvelles, au double point de vue de la topographie et des altitudes. Pour le surplus, et notamment pour la toponymie, le tracé des limites de toute nature, et des routes muletières, etc., M. Deverell m'a presque tout pris, sans indiquer la provenance de ces renseignements. Ainsi n'a pas fait M. Élisée RECLUS. *Nouvelle géographie universelle*, II, 811-814. Il paraît que certains auteurs anglais s'adonnent, sans grands scrupules, à ces actes de piraterie littéraire et scientifique. En tous cas, il doit leur être facile de se montrer plus adroits que M. Deverell. Dans sa carte, donnée comme représentant l'état contemporain, celui-ci indique, en effet, la portion de l'ancien comté de Foix qui confine à l'Andorre. Voilà qui prouve, ce me semble, qu'il m'a pris ce renseignement, avec beaucoup d'autres. Mais moi, qui devais tracer la ligne divisoire de la France et de l'Andorre, en citant les anciens textes à l'appui, j'étais bien forcé de m'inquiéter du comté de Foix.

[2] Un exemplaire du manuscrit de cette histoire se trouve à Paris, aux Archives du Ministère des Affaires Étrangères.

de Villanueva, de Bofarull y Mascaro, etc., qui ont tiré parti des archives épiscopales de La Seö, pour la portion de leurs ouvrages relative au diocèse et au comté d'Urgel. Sans doute, ces auteurs ne documentent pas tous leurs récits. Mais j'ai pu maintes fois constater, dans les limites restreintes de ma compétence, qu'ils parlent très généralement d'après les sources originales.

Ma première visite aux archives de l'évêché d'Urgel remonte à 1869, et elle n'a pas duré moins de huit jours. Le diocèse était alors gouverné par Monseigneur Caixal y Estradé, à qui j'étais recommandé d'une façon fort pressante. Par lui, je fus aussitôt présenté à un dignitaire du chapitre de La Seö (*canónigo de dignidad*), Don Andrés Casanovas. Depuis plus de trente ans, cet obligeant et savant homme, qui du reste a très peu écrit, fréquentait assidûment le dépôt que je venais explorer. Il connaissait sur le bout du doigt tout ce qu'on a écrit pour ou contre l'authenticité de la charte d'Alaon et ses neuf compléments. Le chanoine avait dirigé ses recherches en conséquence, et il voulut bien les recommencer à mon profit. Ainsi, je pus constater sans peine, depuis le règne de Charles-Quint jusqu'à nos jours, le passage aux archives épiscopales des annalistes susnommés, dont aucun ne vise les pièces, ni même ne soupçonne, l'existence de la charte d'Alaon et de ses neuf confirmations. Je n'en excepte même pas l'annaliste Dormer, qui ne parle absolument de ces textes que dans la note par lui fournie au cardinal de Aguirre. Remarquez qu'on trouve toujours en ces archives tous les autres documents dès longtemps utilisés, sans préjudice de ceux qu'ont publiés Marca et Baluze dans la *Marca Hispanica*, et Villanueva dans son *Viaje literario a las Iglesias de España*.

J'ai visité de nouveau, et cette fois pendant dix jours, les archives épiscopales d'Urgel, au mois de juin 1875. Don Andrés Casanovas était mort. La ville et la citadelle de La Seö se trouvaient alors au pouvoir des carlistes, commandés par le général de division Don Francisco Tristany, et le brigadier Don Juan Baro, avec l'assistance de Don Luis de Trelles y Nogueros, commissaire civil. Quant à Monseigneur Caixal y Estradé, le Prétendant Charles VII l'avait pris avec lui, dans les Provinces Vascongades, comme Grand-Aumônier de ses armées. Le général Tristany facilita très gracieusement mes secondes recherches. Par lui, deux officiers fort lettrés furent mis à mon entière disposition. Ainsi, je recommençai mon contrôle, non seulement dans des conditions de liberté absolue, mais encore avec une réelle autorité. Si Don Andrés Casanovas avait voulu, ce dont il était incapable, me cacher quoi que ce fut, en 1869, je l'aurais infailliblement retrouvé, avec tout le reste, en 1875. Or, il n'existe, à La Seo, ni charte d'Alaon, ni confirmations, en nombre quelconque. On n'en découvre mention, ni dans les inventaires, ni dans les autres papiers. Pour tout le reste, c'est le contraire qui se produit. J'avais donc raison de dire que, ni la charte, ni ses compléments, n'ont existé, soit en originaux, soit en copies, aux archives de l'évêché d'Urgel.

D'ailleurs, ces textes portent en eux-mêmes les preuves de leur fausseté, et voici comment je le démontre.

Le lecteur est averti déjà que, de l'ensemble des dix pièces, découle une généalogie si copieuse, si étroitement liée dans toutes ses parties que, si un seul de ces textes est reconnu directement apocryphe, tous les autres se trouvent virtuellement décrédités. Voilà certainement pourquoi Guérard limita sa critique à la charte d'Alaon.

Mais voici un moyen de contrôle historique autrement complet. Dans les neuf premiers textes, se trouvent mentionnés les archevêques de Narbonne et les évêques d'Urgel étant, ou censés être en exercice aux dates diverses de la rédaction de ces pièces. Or, les séries de ces prélats se trouvent établies, avec preuves à l'appui, dans le *Gallia christiana* pour les archevêques de Narbonne [1], et dans le *Viaje literario a las Iglesias de España* de Villanueva [2], pour les évêques d'Urgel, qui furent, en réalité, longtemps suffragants de la métropole de Narbonne. Les prélats mentionnés dans la charte de ses huit premières confirmations devraient donc concorder absolument, pour les formes onomastiques et pour les dates, avec celles que nous fournissent les deux ouvrages précités. Voyons s'il en est ainsi.

I. Charte d'Alaon (832). — Y sont nommés Bérar, archevêque de Narbonne (*Berarius, primæ sedis Narbonensis Archiepiscopus*), et Sisebot, évêque d'Urgel (*venerabilis Sisebotus Episcopus Orgellitanus*). — Or, Bérar fut archevêque de Narbonne de 842 à 815 [3], et Sisebut II, évêque d'Urgel, de 833 à 810 [4]. Bérar ne devrait donc pas se trouver ici. — Pièce fausse.

---

[1] *Gallia christiana*, VI, 1-126.
[2] Villanueva, *Vi... literario a las Iglesias de España*, t. IX. X. XI, XII.
[3] *Gall. christ.*, VI, 18.
[4] Villanueva, *Viaje liter.*, X, 56-62.

Confirmation I (862). — Y sont mentionnés, Fredole ou Fredule, archevêque de Narbonne (*Fredulo Archiepiscopo in Narbonensi Ecclesia existente*), et Bernard, évêque d'Urgel (*B. Orgellitano Episcopo*). —Exact pour Fredole [1].—Erroné quant à Bernard, car le diocèse d'Urgel fut administré par Wisado I, de 860 à 872 [2]. — Pièce fausse.

Confirmation II (883). — Censée faite au temps de Siggebod, archevêque de Narbonne (*Siggebodo Archiepiscopo primæ sedis Narbonensis urbis*), et de Nigobert, évêque d'Urgel (*Nigoberto Episcopo Orgellitano existente*). — Exact pour Siggebod ou Sigebod [3], et non pour Nigobert. Il n'y a jamais eu de prélat de ce nom à La Seö, mais bien un Ingobert, dont l'épiscopat est d'ailleurs constaté de 887 à 893 [4]. — Pièce fausse.

Confirmation III (910). — J'y relève les noms d'Agine, archevêque élu de Narbonne (*venerabili Agine electo Archiepiscopo primæ sedis Narbonensis urbis*), et de Rodulfe, évêque d'Urgel (*Rodulfo Episcopo Ecclesiam Orgellitanam regente*). — Inexact pour Narbonne, où Arnustus exerça ses fonctions au moins jusqu'en 911, et peut-être jusqu'en 912 [5]. Son successeur fut Agio, et non Agine, dont l'autorité dura jusqu'en 927 [6]. —Inexact aussi pour Rodulfe, car Nantigisius, fut évêque d'Urgel de 900 à 914. — Pièce fausse.

Confirmation IV (973). — Elle fait mention d'Aymeric, archevêque de Narbonne (*Aimerico Archiepiscopo in Narbona*), et de Psalla, évêque d'Urgel (*Psalla Episcopo in Orgello*).— Exact pour Aymeric [7], et non pour Psalla, car le diocèse d'Urgel était alors administré par Wisado II [8]. Il n'y a jamais eu d'ailleurs de prélat appelé Psalla à La Seö, mais bien un Sanla, évêque de 981 à 1010 [9]. — Pièce fausse.

Confirmation V (1002). — Réputée faite au temps de Hermengaud, archevêque de Narbonne (*primæ sedis Norbonensis* (sic) *Ecclesiæ existente Hermengaudo*), et autre Hermengaud, évêque d'Urgel (*alio*

---

[1] *Gall. christ.*, VI, 18-19.
[2] Villanueva, *Viaje liter.*, X, 64-69.
[3] *Gall. christ.*, VI, 19-20.
[4] Villanueva, *Viaje lit.*, X, 69-74.
[5] *Gall. Christ.*, VI, 22-27.
[6] Villanueva, *Viaje lit.*, X, 84-85.
[7] *Gall. christ.*, VI, 27-30.
[8] Villanueva, *Viaje lit.*, X, 100-113.
[9] *Id. Ibid.*, X, 113-128.

Hermengaudo Episcopo in Orgelo).— A la grande rigueur exact pour Narbonne, où on peut faire finir l'archiépiscopat de Hermengaud en 1015 [1]. Exact pour Hermengaud, évêque d Urgel [2].—Donc pas d'objection à tirer directement de cette confirmation. — Mais elle se relie à précédente et à la suivante, qu'il faut repousser. — Pièce fausse.

Confirmation VI (1015). — Encore la mention de Hermengaud, archevêque de Narbonne (*Ecclesiam Narbonensem gubernante Hermengaudo Archiepiscopo*), et autre Hermengaud évêque d'Urgel, (*altero Hermengaudo Episcopo in Orgello*).—Exact pour ces deux prélats.—Mais ce texte se rattache à la confirmation antérieure qu'il faut repousser, et à la postérieure dont je vais montrer le caractère apocryphe. — Pièce fausse.

Confirmation VII (1034). — Portant les noms de Vinifred, archevêque de Narbonne (*Archiepiscopo in Narbona Vinifredo*) et de Hetribaldo *(sic)*, évêque d'Urgel (*Hetribaldio Episcopo in Orgello*).— Ici, nous avons la forme *Vinifredus* et non *Wifredus* ou *Guifredus*, qui est la bonne. Ce prélat occupa le siège de Narbonne de 1022 à 1071 [3]. — Mauvaise aussi la forme *Hetribaldius*, au lieu de *Heriballus* ou *Eriballus*, qui régit l'évêché d'Urgel de 1036 à 1011 [4]. — Pièce fausse.

Confirmation VIII (1039). — Donnée comme faite au temps de Vinifred, archevêque de Narbonne (*Vinifredo Archiepiscopo in Narbona*), et de Hetribald (*sic*), évêque d'Urgel (*Hetribaldio Episcopo in Orgello*). — Ici, je me réfère aux raisons données pour la confirmation VII. — Pièce fausse.

Confirmation IX (1011). — Pas de mention d'archevêque de Narbonne, ni d'évêque d'Urgel. — Mais ce texte est inséparable des précédents. — Pièce fausse.

Voilà toutes mes réflexions. Je ne les aurais jamais produites, si Rabanis s'était contenté de la doctrine de Guérard, s'il n'avait, par ses critiques, souvent mal établies, indirectement préparé la possibilité d'un retour offensif chez les derniers partisans de la charte d'Alaon et de ses neuf compléments.

Agen, ce 1er Août 1891.   Jean-François BLADÉ.

---

[1] *Gal. christ.*, VI, 127-130.
[2] Villanueva, *Viaje lit.*, 100-120.
[3] *Gall. christ.*, VI, 31-38.
[4] Villanueva, *Viaje lit.*, X, 156-181.

Tiré à quarante exemplaires,

dont aucun n'a été mis dans le commerce